Angelika Kipp

Frühlingshaftes ALLERLEI
Ideen aus Tonkarton

frechverlag

Von der bekannten Autorin Angelika Kipp sind im frechverlag zahlreiche andere Titel erschienen. Hier eine Auswahl:

TOPP 2146

TOPP 2148

TOPP 2072

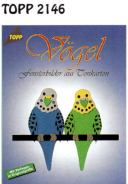

TOPP 1921

TOPP 1879

TOPP 1855

Zeichnungen: Berthold Kipp
Fotos: frechverlag GmbH + Co. Druck KG, 70499 Stuttgart; Fotostudio Ullrich & Co., Renningen

Materialangaben und Arbeitshinweise in diesem Buch wurden von der Autorin und den Mitarbeitern des Verlags sorgfältig geprüft. Eine Garantie wird jedoch nicht übernommen. Autorin und Verlag können für eventuell auftretende Fehler oder Schäden nicht haftbar gemacht werden. Das Werk und die darin gezeigten Modelle sind urheberrechtlich geschützt. Die Vervielfältigung und Verbreitung ist, außer für private, nicht kommerzielle Zwecke, untersagt und wird zivil- und strafrechtlich verfolgt. Dies gilt insbesondere für eine Verbreitung des Werkes durch Film, Funk und Fernsehen, Fotokopien oder Videoaufzeichnungen sowie für eine gewerbliche Nutzung der gezeigten Modelle.

Auflage: 5. 4. 3. | Letzte Zahlen
Jahr: 2001 2000 1999 98 97 | maßgebend

ISBN 3-7724-2147-4 · Best.-Nr. 2147

© 1996

frechverlag GmbH + Co. Druck KG, 70499 Stuttgart
Druck: frechverlag GmbH + Co. Druck KG, 70499 Stuttgart

Endlich!
Lange schon hat man
sich nach den ersten warmen
Sonnenstrahlen, nach frischem Grün und
leuchtenden Farbklecksen in der Wiese gesehnt:
Es ist Frühling!

Wenn es jetzt allerdings in der Natur so richtig bunt wird, dann darf die Farbe auch in Ihrer Wohnung nicht mehr länger fehlen. Auch hier können die Tulpen und Narzissen blühen, die bunten Schmetterlinge auf der Fensterscheibe landen und die Schneeglöckchen ihre Köpfchen in die Sonne recken. Denn es gibt ja frühlingshaftes Allerlei! Mit fröhlich-buntem Tonkarton lassen sich die Motive ganz einfach nacharbeiten, und schon zieht der Frühling bei Ihnen ein.

Sie finden in diesem Buch auch immer wieder Szenen, wo einzelne Motive mehrmals gezeigt werden – mal im Duo oder Trio, mal aber auch in Farbvariationen. Da besitzt jedes Küken einen anderen Pinsel, die Ostereier sind mit unterschiedlichen Farben bekleckert, oder die Entenkinder tragen verschiedene Kopftücher und Blumen – diese Zusammenstellungen verleihen Ihrer Fensterdekoration einen ganz besonderen Reiz!

Viel Spaß mit Ihrem frühlingshaften Allerlei!

Ihre Angelika Kipp

Arbeitsmaterial

- Tonkarton (in verschiedenen Farben erhältlich)
- Tonpapier in Weiß
- Dünne Pappe
- Transparentpapier
- Filzstift in Schwarz und Orange
- Bleistifte (weich und hart)
- Radiergummi
- Schneidemesser
- Schere
- Schneideunterlage
- Klebstoff
- Locher
- Klebeband
- evtl. Kreisschablone
- Faden zum Aufhängen
- Nadel

Tips und Tricks

Gestaltung des Motivs von der Vorder- und Rückseite

Ein frei hängendes Fensterbild sollte sowohl von der Vorder- als auch von der Rückseite gearbeitet werden; hierzu benötigen Sie die meisten Teile in doppelter Ausführung. Die Teile werden auf der Rückseite nur spiegelverkehrt, aber in der gleichen Reihenfolge wie auf der Vorderseite angeordnet.

Deckungsgleiches Aufmalen

Helles Papier, vor allem weißes, scheint durch. Deshalb sollten Sie hier besonders darauf achten, daß auf der Rückseite deckungsgleich gearbeitet bzw. gezeichnet wird. Dazu drücken Sie das Motiv mit der bereits fertig gebastelten Vorderseite bei Tageslicht gegen eine Fensterscheibe. Scheinen die Teile durch, können Sie auf der Rückseite des Fensterbildes mit einem Bleistift genau die Stellen markieren, wo gemalt oder geklebt werden muß.

Aufhängen eines Fensterbildes

Sie können sich zwischen einem Klebeband oder Faden entscheiden. Wenn Sie mit einem Faden arbeiten wollen, balancieren Sie das Motiv zwischen Daumen und Zeigefinger aus, bis Sie die richtige Stelle gefunden haben. Mit einer Nadel stechen Sie dann einige Millimeter vom Rand entfernt in den Tonkarton und ziehen nun den Faden durch. Je größer das Motiv ist, um so sinnvoller wird es, das Fensterbild an zwei Fäden aufzuhängen.

Schritt für Schritt erklärt

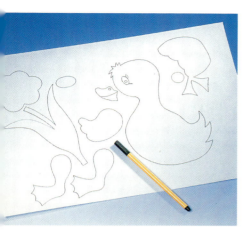

Legen Sie Transparentpapier auf das ausgewählte Motiv auf dem Vorlagenbogen, und übertragen Sie mit einem Bleistift ohne Überschneidungen die benötigten Einzelteile.

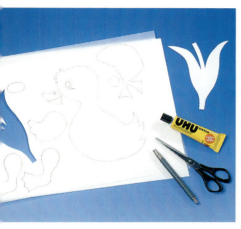

Kleben Sie das bemalte Transparentpapier auf eine dünne Pappe, und schneiden Sie die Teile heraus. Fertig sind die Schablonen! Mit Hilfe dieser Schablonen arbeiten Sie die benötigten Einzelteile, indem Sie sie einfach auf Tonkarton der gewünschten Farbe legen, mit einem Bleistift umfahren und dann die einzelnen Teile sauber ausschneiden.

Anschließend werden die Gesichter und alle anderen Innenlinien aufgezeichnet. Fügen Sie die Einzelteile zu dem gewünschten Motiv zusammen – das Foto und die Vorlage geben Positionierungshilfen.
Und die Rückseite wird deckungsgleich gearbeitet.

Wir kommen vom Osterhasen

Für dieses hübsche Trio greift man gerne zu einem schwarzen Filzstift und zeichnet alle schwarz markierten Stellen und Innenlinien auf. Dann bekommen die drei jeweils ihren Schna-

bel und die beiden Beine – eines von vorne, eines von hinten. Unter den linken Flügeln sitzt immer ein bunt bemaltes Osterei, das der Osterhase den dreien geschenkt hat.

Kein Wunder: Wer sich mit solch einem hübschen Halstuch, mit einer zweiteiligen Krawatte oder dem lustig gepunkteten, zweiteiligen Kopftuch schmückt, hat besonders schöne Ostereier verdient!

Ostergrüße

Ein hübsches Mitbringsel zur Osterzeit!

Dafür benötigen Sie zuerst einmal einen schwarzen Filzstift, mit dem Sie alle Innenlinien aufmalen. Dann wird jeweils die dreiteilige Blüte zusammengefügt und auf dem mittleren Stengel plaziert. Mit zweiteiligen, knallroten Schleifen geschmückt, verbreitet dieses Fensterbild-Trio die pure Frühlings-Laune!

Ein Mittagsschläfchen

Zeichnen Sie den schlafenden Enten still und leise die geschlossenen Augen sowie alle Innenlinien (siehe Vorlagenbogen) auf.

Dann erhalten die Tiere jeweils ihren Schnabel und eine Schleife. Bekleben Sie die farbig zur Schleife abgestimmten Eier mit vielen weißen Punkten; überstehende Teile werden mit der Schere angeglichen.
Blau-weiße Frühlings-Idylle ...

Niedliche Geschwister

Bevor die Küken sich die weite Welt ansehen können, geben Sie ihnen mit einem schwarzen Filzstift die Augen und alle Innenlinien (siehe Vorlagenbogen). Die Krallen werden auf, der Schnabel wird hinter dem Körper fixiert.

Der Kükenjunge erhält seine zweiteilige Krawatte, dem Mädchen binden Sie die zweiteilige Schleife um. Geben Sie den beiden jeweils die dreiteilige Blume in den Flügel, und plazieren Sie je ein Küken auf den Eiern, die im frischen Grün liegen.

Die Blumen-Bande

Die Blumen-Bande ist unterwegs! Besondere Kennzeichen: Aufgemalte Gesichter und Innenlinien, zweiteilige, knallbunte Kopftücher, dreiteilige Blumen, die jeweils unter dem linken Flügel sitzen, und natürlich auch vorlaute Schnäbelchen, die auf dem Körper plaziert sind.

Und wenn Sie jetzt bei dem Trio auch noch jeweils von vorn und hinten die Beine ergänzen, dann ist eines sicher: Dann macht sich die Blumen-Bande an Ihrem Fenster breit!

Farbklecks-Eier

Pro Ei drei Teile – diese Fensterdekoration ist im Handumdrehen gemacht! Die bunt beklebten Eier werden jeweils von hinten in einen Eierbecher gesetzt, dessen Farbe Sie nach Lust und Laune auswählen. Fertig!

Frühlings-Erwachen

Eine weitere Gestaltungsvariante der weiß-grünen Eier finden Sie auf der Rückseite des Buches.

Bei solch einem frischen Grünton an Ihrem Fenster zieht der Frühling gleich viel schneller ein!
Die grünen Eier werden mit den weißen Mustern dekoriert; in die weißen, aufgebrochenen Eier kleben Sie von hinten das Grün der Schneeglöckchen, deren Blüten noch von vorne ergänzt werden. Frühlings-Erwachen!

Frühling wird's!

Damit die ersten Frühlingsboten ihre Köpfchen zur Sonne recken können, schneiden Sie viele bunte Blüten aus und plazieren sie auf dem frischen Grün.

Ein Hase am Osternest

Zunächst bekommt das neugierige Häschen das Gesicht und alle Innenlinien aufgezeichnet; dann erhält es sein Innenohr und das typische weiße Schwänzchen.

Setzen Sie den kleinen Hoppelmann auf die Wiese, auf der bereits die Krokusse blühen, deren Blütenblätter aufgemalt sind. Und genau darunter liegen drei wunderschöne, fröhlich-bunte Ostereier!

Blau-Gelb

Hier haben sich die Frühlingsfarben Blau und Gelb gesucht und gefunden! Für das blaue Ei stellen Sie mit dem Locher gelbe Punkte her, das gelbe Ei wird mit den blauen Streifen verziert. Auch bei den Veilchenblüten benötigen Sie einen Locher, damit die gelben Punkte auf den blauen Blüten dekoriert werden können, die Sie anschließend auf dem Blattgrün arrangieren.

Dekorierte Eier

Hier werden die Ostereier nicht mit Farben, sondern ganz einfach mit zweiteiligen Blumen verziert!

Im Watschelschritt

Wenn man in einem Stück aus weißem Tonkarton geschnitten ist und dann auch noch der Watschelschritt gelingen soll, braucht man zuerst einmal alle Innenlinien und die Augen, die aufgemalt werden. Dann gibt's jeweils noch einen Schnabel und von vorn und hinten ein Bein. Abmarsch!

Oster-Deko

Hier sind die Ostereier kunterbunt geraten: Pro Ei stellen Sie drei Tonkarton-Formen in ganz unterschiedlichen Farben her. Zwei Eier werden dann entlang der gestrichelten Linie geknickt (siehe Vorlagenbogen) und entlang der Knicklinie vorne und hinten auf dem dritten Ei befestigt.

Wenn Sie die Eihälften jetzt noch ein bißchen nach außen biegen, wird Ihr kunterbuntes Osterei so richtig rund.
In der gleichen Technik ist auch der Körper der kleinen Enten gearbeitet: Auch hier benötigen Sie zwei zusätzliche Kreise, die geknickt und an diesen Knicklinien auf dem Entenkörper aufgeklebt werden. Und dann muß natürlich noch das Auge aufgemalt und der Schnabel angebracht werden.

Ein Oster-Mobile

Für die Spirale schneiden Sie den Tonkarton-Kreis, den Sie als Vorlage auf dem Vorlagenbogen finden, entlang der durchgezogenen Linie ein.

Auf die gelbe Kükenform werden mit Filzstiften die Krallen, der Schnabel und das Auge gemalt; die Rückseite sollten Sie hier absolut deckungsgleich gestalten.

Für jedes Ei benötigen Sie die Grundform dreimal: Zwei Eier werden in der Mitte einmal entlang der gestrichelten Linie geknickt, entlang der Knicklinie von vorn bzw. von hinten auf die dritte Eiform geklebt und leicht nach außen gebogen – so wird jedes Ei richtig schön dreidimensional!

Befestigen Sie die Eier und die Küken immer von unten an der Spirale, am besten mit einem kleinen Tonpapier-Kreis.

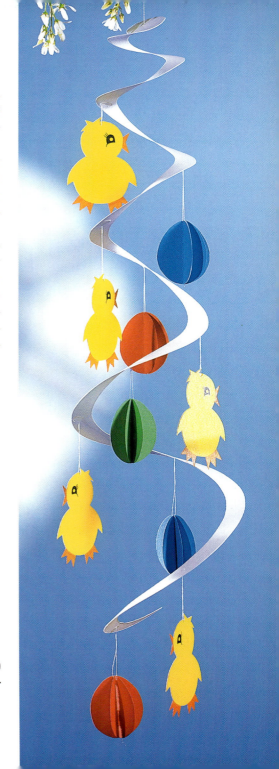

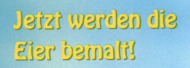

Zum Eierbemalen braucht man ein gutes Auge – und Sie brauchen für die Augen einen schwarzen Filzstift!
Wenn der fünfteilige Pinsel zusammengestellt ist, wird er jeweils unter dem linken Flügel angebracht. Schnabel und Beine nicht vergessen, und fertig sind die Malergesellen, die nun an Ihrem Fenster auf die Suche nach Eiern gehen.

Häschens Lieblingsspeise

Ein schwarzer Filzstift sorgt für die Häschen-Gesichter und für alle Innenlinien.
Unter der roten Latzhose sitzt jeweils das gelbe Hemd, das noch von den beiden Hosenträgern dekoriert wird. Und die zweiteiligen Möhren finden bei Ihnen am Fenster sicher auch noch ihren Platz!

Damit dieser kleine Hase in der Eier-Schaukel Platz nehmen kann, zeichnen Sie ihm das Gesicht und alle Innenlinien (siehe Vorlagenbogen) auf. Ziehen Sie dem Hoppelmann die blaue, geflickte Hose sowie das Hemdchen mit dem Kragen und der aufgesetzten Tasche über. Nachdem der kleine Kerl seine Innenohren erhalten hat, plazieren Sie ihn im Ei, wobei die Pfoten von hinten, die Ohren von vorn an der Eier-Schaukel befestigt werden.

Die Eier-Schaukel

Farbenfrohes Federvieh

Ganz egal, wie farbenfroh man sich präsentieren möchte: Zuerst einmal braucht man einen schwarzen Filzstift für die Augen und den Schnabelstrich.
Erst dann wird das gelbe Federkleid mit den bunten Federn, dem Kamm, dem Schnabel, dem Hautlappen und dem Beinteil dekoriert.

Auf dem Ostertisch gelandet

Hier sind farbenfrohe Gaukler der Lüfte auf Ihrem Ostertisch gelandet: Von hinten setzen Sie die Eier in die Eierbecher, knicken die Schmetterlinge in der Mitte leicht ein, damit sie federleicht von vorne auf den Eiern landen können.

Frühlings-Farben

Das gelbe Ei ist mit zwei grünen Streifen dekoriert, und auch für die Gänseblümchen benötigen Sie nur wenige Teile: Auf dem weißen Kreis sitzt ein gelbes Innenteil, bis zu dessen Rand der weiße Tonkarton-Kreis jeweils in kurzen Abständen eingeschnitten wird, so daß feine Blütenblätter entstehen. Die fertige Blüte wird auf dem Grünteil fixiert.

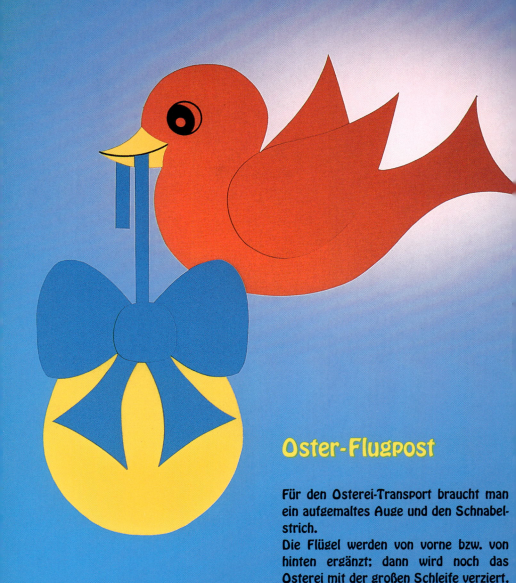

Oster-Flugpost

Für den Osterei-Transport braucht man ein aufgemaltes Auge und den Schnabelstrich.
Die Flügel werden von vorne bzw. von hinten ergänzt; dann wird noch das Osterei mit der großen Schleife verziert, die zweiteilig am Schnabel des Vogels fixiert ist.